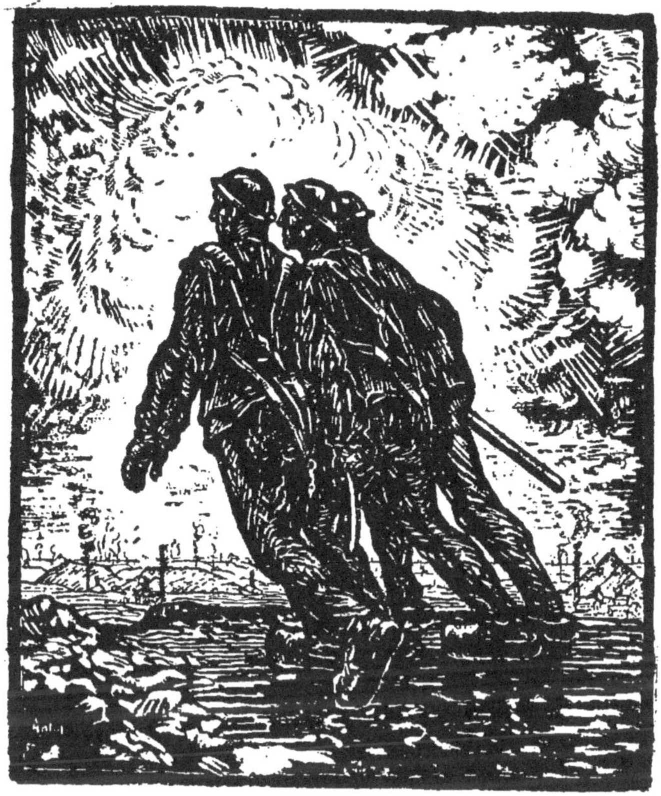

PAUL ANTIN

L'ATELIER

CATALOGUE
DU
XVme SALON

TERRASSE DU JARDIN-PUBLIC
DU 4 DÉCEMBRE 1924 AU 4 JANVIER 1925

L'ATELIER

ASSOCIATION D'ARTISTES PEINTRES
SCULPTEURS, ARCHITECTES & GRAVEURS
DE BORDEAUX

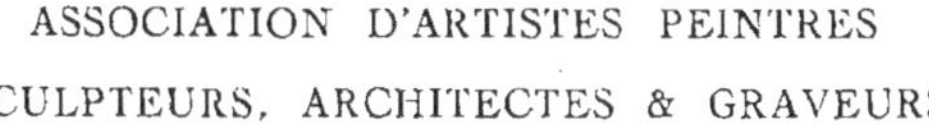

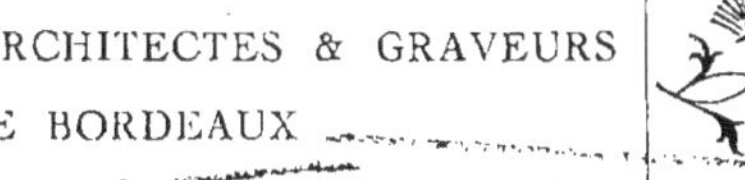

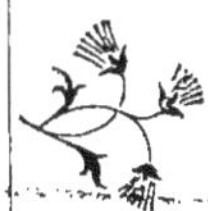

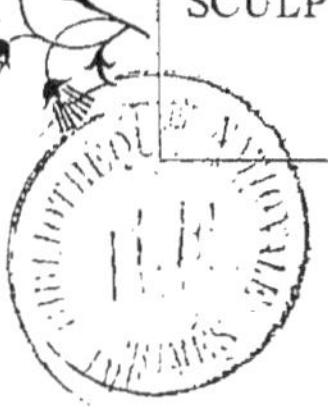

COMITÉ

BUREAU :

Président . . . . . MM. **J. TUSSAU,** architecte.
Vice-Présidents . . **F. CARME,** peintre.
G. DURAND, peintre.
Trésorier . . . . . **J. A. PRÉVOT,** architecte.
Secrétaire général. **G. DE SONNEVILLE,** peintre.

MEMBRES DU COMITÉ

MM. ADOUE, CALVÉ, CAZAUBON, FOREL, LEROUX, TUFFET, VETTINER

SOCIÉTAIRES

ALAUX, peintre.
ADOUE, architecte.
ANTIN, peintre et graveur.
NEL-ARIÈS, peintre-aquarelliste.
BARBIER, peintre.
BERTIN; peintre-décorateur.
de BUZON, peintre.
BRUNET, peintre.
CALVÉ (Julien), peintre.
CARME (Félix), peintre.
CASTAGNET (J.B), peintre.
CAZAUBON, peintre.
CHAUMONT, peintre.
DACOSTA, architecte
DARRICAU, peintre.
DELPECH (Hermann), peintre.
DURAND, (Gustave) peintre.
FERRET (Pierre), architecte.
FONTAN, aquarelliste
FOREL, peintre.
FURT, peintre et graveur.
GARROS (Louis), architecte.
GEORGES (Jean), peintre.

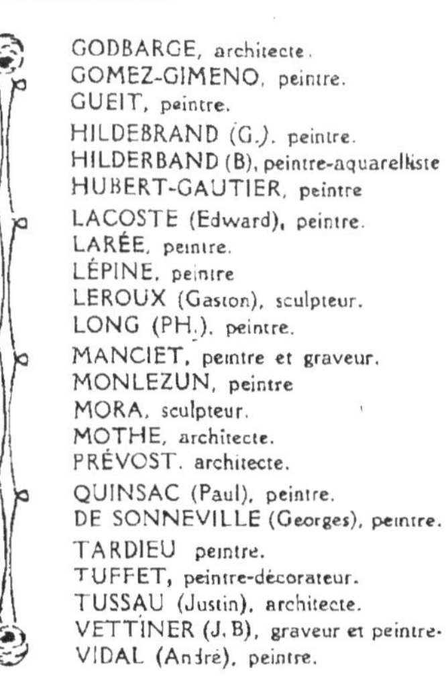

GODBARGE, architecte.
GOMEZ-GIMENO, peintre.
GUEIT, peintre.
HILDEBRAND (G.), peintre.
HILDERBAND (B), peintre-aquarelliste
HUBERT-GAUTIER, peintre
LACOSTE (Edward), peintre.
LARÉE, peintre.
LÉPINE, peintre
LEROUX (Gaston), sculpteur.
LONG (PH.), peintre.
MANCIET, peintre et graveur.
MONLEZUN, peintre
MORA, sculpteur.
MOTHE, architecte.
PRÉVOST, architecte.
QUINSAC (Paul), peintre.
DE SONNEVILLE (Georges), peintre.
TARDIEU peintre.
TUFFET, peintre-décorateur.
TUSSAU (Justin), architecte.
VETTINER (J.B), graveur et peintre.
VIDAL (André), peintre.

SIÈGE SOCIAL : 46, Allées de Tourny. — BORDEAUX

"L'ATELIER"

(fondé en 1905)

PRÉSIDENTS D'HONNEUR

MM.

ARNAULT, préfet de la Gironde.
PHILIPPART, maire de Bordeaux.
CHAUMET, Sénateur.
Dr SIGALAS, adjoint à l'Instruction publique.
DUMAS, adjoint aux Beaux-Arts.
MONIS, ancien ministre.
GRUET, ancien maire de Bordeaux.
BOUBES, conseiller municipal.
CHAPON, Président des « Amis des Arts ».
ALIOTH, Président de l'« Armor ».

COMITÉ D'HONNEUR

Formé par les Anciens Présidents de l'Atelier

QUINSAC, LACOMBE, LEROUX, ANTIN

COMITÉ D'HONNEUR DES BIENFAITEURS

Qui ont constitué le capital social de l'Atelier

(Liste arrêtée au 1er Novembre 1924)

MM.

ALAUX (Daniel).
ALAUZE, avoué.
ANDRE, tableaux.
ANDRIEU (Louis), propriét.
ANOUILH.
ARCHAMBEAUD, négociant
ARNAUD, consul d'Haïti.
BARONNET FRUGES, indus.
BEDIOU, président de la Chambre des Notaires.
BERTHELOT (Paul), public.
BERTIN, avocat, conseiller général.
BESSE (Gaston), directeur de la « Paternelle ».

MM.

BESSE (Edmond), président de la Chambre de comm.
BONNEFON (F.), propriét.
BORDES (Henri), armateur.
BOUBES, négociant.
BOUE (Mme).
BOURCIER (Louis), entrepreneur.
BRAULT.
BRAZIER, avocat.
CANCALON, entrepreneur de travaux publics.
CAYROU, propriétaire.
CHABANNEAU (W.), nég.

MM.

CHAPON, président des Amis des Arts.
CLAVERIE (A.), notaire.
CLERMONT (Paul), négoc.
DABAS (Louis), professeur au Lycée.
DANGEY, entrepreneur.
DELOR (A.).
DARTIGE, notaire.
DELOR (A.).
DESPAUX, directeur du journal « La France ».
DEWACHTER.
DORMY, entrepreneur.
FAYDIT, agent de change.
FRAENKEL, banquier.
FREYSSE.
GADEN.
GARRIC, banquier.
GAULNE (de), président du Syndic. d'initiative de Bordeaux et du département.
GAUGEACQ (Henri), entrepreneur.
GAUTIER-LAGARDERE, propriétaire.
GAYON, doyen de la Faculté des sciences.
GENDRON, doct. en médec.
GLOTIN (Ed.) anc. député.
GOUNOUILHOU (Henri), directeur des journ. la « Gironde » et la « Petite Gironde ».
GUESTIER (Daniel), négoc.
GUESTIER (Georges), nég.
GUIONEAUD, négociant.
HABASQUE, avocat.
HAURET (Bertrand, entrepreneur.
HERON, propriétaire.
HIRIGOYEN, avoué.
HOLAGRAY (Gabriel), négociant.
IMBERTI, tableaux, gravures
JACMART, négociant.
JAY (Albert), directeur de l' « Urbaine ».
JONNAU, entrepreneur de travaux publics.

MM.

LAINE, avocat.
LARRE, avoué.
LATAILLADE (André).
LAVERTUJON, directeur de l'Agence Havas, à Bordx.
LAWTON (Edouard), vice-présid. des Amis des Arts.
LECLERC, entrepreneur.
LEON (Anselme), conseiller à la Cour.
LETANNEUR, banquier.
LEVAVASSEUR (Jean).
LOSTE (William), notaire.
LUTAUD, gouverneur général de l'Algérie.
LUZE (Charles de), négoc.
MAIGROT, directeur honoraire de la Société génér.
MAITRE, architecte.
MAROT, conseiller général.
MAUREL (André), négoc.
MAUREL (Jean), négociant.
MAUREL (Lucien), négoc.
MAUREL (Daniel), négoc.
MAUVIGNEY, négociant.
MESTREZAT (James), négociant.
MOULINIE, vice-président du Cercle Philharmonique.
MOURE (Dr), professeur à la Faculté.
NADAUD, avocat.
NOYER, avocat.
PANAJOU (F.), photogr.
PALAMINY (Comte de).
PEPIN (G.), négociant.
PETIT (Matéo), négociant.
PETIT (Anatole, négociant.
PEYRELONGUE (Maurice), notaire.
PHILIPPART, maire de Bordeaux.
POISSANT, propriétaire.
PRELLER, négociant.
RAULT.
RENAUD, entrepreneur.
ROY DE CLOTTE, avocat.
SABRAZES (Dr), professeur à la Faculté de médecine.

MM.

SAIGNAT, avocat, professeur honoraire à la Faculté
SALABERT, négociant.
SALADIN, courtier maritime.
SCHRODER, président des Amis des Arts.
SEGOL, négociant.
SIDAINE, imprimeur.
SOULA (Ulysse), banquier.
TANDONNET (Mme Daniel) propriétaire.
TANDONNET (Joseph), propriétaire.
TASTET, courtier.
TASTET, courtier.
TESSANDIER (Emmanuel).

MM.

TETARD, négociant.
TOURNON (Mme).
TRINCAUD-LATOUR (Mme de).
VALLETON, architecte honoraire du département.
VERGELY, docteur-médecin.
VEYRIER-MONTAGNERES conseiller général.
VILLAR, professeur à la Faculté de médecine.
VIANNE-LAZARE, négoc.
VIGIER (Jacques), publicité.
ZHENDRE-LAFOREST, entrepreneur.

TOMBOLA

L'Atelier procède chaque année à l'acquisition d'un certain nombre d'œuvres exposées, qui sont **réparties par voie de tirage au sort** *entre les souscripteurs de ses Bons* **de 10** *frs.*

Ces Bons de **10** *fr. donnent également droit à* **l'entrée permanente** *pendant toute la durée de l'exposition.*

LISTE DES ŒUVRES ACQUISES ET RÉPARTIES PAR VOIE DE TIRAGE AU SORT DES BONS EN 1923

Nº			
731	M. MARTRE	gagne une œuvre de	ADOUE.
598	M. QUENTIN	—	DARRICAU.
603	M. QUITTARD	—	GUSTAVE DURAND.
318	Mme COLLET	—	JEAN GEORGES.
338	M. NOYER	—	MANCIET (10).
423	Mme ROCHE	—	TUSSAU.
566	M. H. TOUCHARD	—	VETTINER.
633	M. LECLERC	—	NEL ARIÈS.
515	M. PECH	—	NEL ARIÈS.
305	M. ROBINEAU	—	MARIUS GUEIT.
352	M. de PITRAY	—	G. DE SONNEVILLE.
581	Mme H. DURAN	—	CASTAIGNET.
641	M. LARRUE	—	H. HILDEBRAND.
457	Docteur DARGET	—	GOMEZ-GIMENO.
347	M. N...	—	CHAUMONT.
674	M. P. JAUBERT	—	TARDIEU.
773	M. J. LOPEZ	—	DELPECH.
482	Docteur PIOTAY	—	MOTHE (3).
633	Mlle MERIC	—	MOTHE (9).
719	M. J.BOUCHARD	—	DARRICAU.
364	M. F. VARON	—	JEAN GEORGES.
456	Docteur AUDOUIN	—	GOMETZ GIMENO.
371	M. CARDOZE	—	MANCIET (12).
576	M. ALIOTH	—	MANCIET (11).
692	M. GARRIGUE	—	MANCIET (9).

Les N. des tickets d'entrée 398-104-403-347-1437 gagnent des photographies d'art.

15me EXPOSITION

COMMISSION D'ORGANISATION

1° *Membres du Comité :*

MM. TUSSAU, CARME, DURAND, PREVOT, DE SONNEVILLE

2° *Membres titulaires :*

M. ANTIN, DE BUZON, FURT

SERVICE DES VENTES

Tous les ouvrages mentionnés au présent catalogue sont offerts au public aux prix désignés par les artistes *sans interposition d'aucun intermédiaire.*

Les acquisitions sont *exemptes de tous droits : pourcentage, taxes ou impôts.*

MM. les Visiteurs trouveront à l'entrée du Salon les prix des œuvres qui ne sont pas indiqués au catalogue. Ils pourront, en outre, y déposer toutes offres ou commandes, qui seront transmises aux artistes intéressés.

EXTRAIT DES STATUTS

Les ressources de l'Association pour l'organisation comprennent : 1° La cotisation annuelle; 2° le montant des entrées et de la vente du catalogue; 3° des bons de 10 francs émis annuellement; 4° une subvention de la Ville de Bordeaux.

CATALOGUE

DES

ŒUVRES EXPOSÉES

EN 1924

PEINTURE, SCULPTURE
ARCHITECTURE et GRAVURE

ADOUE (Jean-Gaston),

Né à Bordeaux — Architecte — Elève de MM. Paul Blondel et Scellier de Gisors.

16, Rue Canihac, BORDEAUX.

1	— Basilique de Soulac-sur-Mer	**600 fr.**
2	— Le Fousseret (Hte-Garonne), vue générale.	**80**
3	— Le Fousseret (H.-Garonne), la Grande Place.	**600**
4	— Etang landais	**200**
5	— Au Clair de Lune........................	**100**
6	— Vieux Lavoir (Indre-et-Loire)..............	**250**
7	— Jeu de Pelote à Hernani (Espagne)........	
8	— De ma fenêtre au Fousseret (Hte-Garonne). Appartient à M. et Mme H. M...	
9	— Gorges du Tarn..........................	**200**
10	— Prairie à Carbone (Hte-Garonne)..........	**60**
11	— A Soulac, de la Dune de Lespine..........	**200**

ALAUX (Daniel),

Né à Bordeaux — Peintre — Elève de Bonnat.

13, Cours du Pavé-des-Chartrons, BORDEAUX.

1 — Baigneuse (Cap Ferret) .... **550 fr.**
2 — Baigneuse (Cap Ferret) **550**
3 — Bain de Cheval (Port de Bordeaux)........ **400**
4 — Pêche au Mule (Cap Ferret)............... **400**
5 — Baigneuse (Cap Ferret) **450**
6 — Marchande de Légumes (Cap Ferret)...... **400**
7 — Baigneuse (Cap Ferret) **300**
8 — Cale au Pont Saint-Jean (Port de Bordeaux). **700**
9 — Cabane au Phare (Cap Ferret)............ **300**
10 — Piquey, Pêche à la Crevette............... **500**
11 — Pochade **200**
12 — Pochade **200**

ANTIN (Paul),

Né à Bordeaux — Peintre — Elève de Auguin, Dupuy et Bouguereau.

29, Rue de Brach, BORDEAUX.

1 — Le Soleil sur la Neige....................
2 — Sur les Terris (ébauche)..................
3 — Portrait, ...
4 — Portrait (pastel). ....

ARIÈS (Nel),

Né à Bordeaux — Peintre.

4, Rue de la Chapelle-Saint-Jean, BORDEAUX.

1 — Automne, pastel......................... **500 fr.**
2 — A Notre-Dame-du-Port, pastel. **550**
4 — Intérieur d'Eglise **550**
4 — Le Pavillon **700**
5 — La Bourse, Bordeaux **550**
6 — Eglise d'Itxassou **500**
7 — Vieilles Maisons (Agen).................. **400**
8 — A La Rochelle **300**
9 — A Itxassou. **350**
10 — Etude (Bordeaux)........................

BARBIER (Henri),

Né à Poitiers — Peintre — Elève de Bonnat et L.-O. Merson.

111, Rue Pasteur, CAUDERAN (Gironde).

1 — Un Faucheur (soir)......................
2 — Saint-Gilles (soir). ....
3 — Les Tamaris (île d'Yeu).................
4 — La Vieille Chapelle (île d'Yeu)............
5 — Port-Joinville (île d'Yeu), soir............
6 — Port-Joinville (île d'Yeu). ....
7 — Barque à sec (île d'Yeu)..................
8 — Après l'Orage (matin) (île d'Yeu) ....
9 — Pins (île d'Yeu)..........................
10 — Maison blanche (île d'Yeu) ....
11 — Rochers (soir) (île d'Yeu)................
12 — Eboulis (île d'Yeu)......................
13 — Port-Joinville (île d'Yeu)................
14 — Pins (île d'Yeu). ....
15 — Barques (île d'Yeu)..... ....
16 — Rochers après-midi (île d'Yeu)............
17 — La Boule verte (île d'Yeu)...............
18 — Rochers après-midi (île d'Yeu)............
19 — Le Bourg (île d'Yeu)....................
20 — A l'orée des bois (île d'Yeu)..............

BRUNET (Émile),

Né à Bordeaux — Peintre — Elève de M.-Gustave Moreau.

17, Rue Grangeneuve, BORDEAUX.

1 — Vierge au Lys .... **800 fr.**
2 — Grappe humaine. **800**
3 — Paysage Soleil couchant. **300**
4 — Petit Paysage. **200**
5 — Groupe de Têtes. **400**
6 — Groupe de Têtes (étude). **300**
7 — Orée de Bois de Pins **200**
8 — Etude de Têtes **400**
9 — Scène rurale (esquisse) **300**
10 — Au Repos (esquisse). **300**
11 — Bords du Bassin d'Arcachon **250**
12 — Groupe au Village (esquisse). **200**
13 — Figures d'Hommes **500**
14 — Marine. **250**

DE BUZON (Camille),

Né à Bordeaux — Peintre — Elève de G. Ferrier et Quinsac.

79, Rue du Palais-Gallien, BORDEAUX.

1 — « La Mélopée » .... **6000 fr.**
2 — « La Chèvre noire » **1800**
3 — « Les Baigneuses » **1000**
4 — « Dans le Parc ». **700**
5 — Maisons en Dordogne **400**
6 — Le Rocher des Eyzies **400**
7 — « L'Amour fleuri ». **400**
8 — Etude aux Eyzies **250**
9 — Ormeaux **100**
10 — Côte Basque **100**
11 — Guetaria **150**
12 — Dune à Lacanau **100**
13 — Etude de Mer. **100**
14 — Etude aux Eyzies **250**

BUGNICOURT (Max) : voir page 32.

CARME (Félix),

Né à Bordeaux — Peintre.

32, Rue du Temps-Passé, BORDEAUX.

1 — La Vielle .... 2500 fr.
2 — Intérieur XVIII° (Hôtel de Poussac)........ 2500
3 — Bibelots. 2000
4 — Intérieur Louis XVI 2000
5 — Porte ouverte sur un Jardin................ 1000
6 — Intimité. 1000
7 — Coin XVIII° (aquarelle) 600
8 — Intimité (aquarelle) 600
9 — L'Automne (panneau décoratif)............
Appartient au docteur P...

CASTAIGNET (Jean-Baptiste),

Né à Asques (Gironde) — Peintre — Elève de Auguin.

35, Rue Mondenard, BORDEAUX.

1 — Prélude aux Giboulées, sur la Dordogne, à Asques. 1800
2 — Vers la frontière espagnole............... 300
3 — Nuit claire au Cap-Ferret................. 300
4 — Matinée grise, Bassin d'Arcachon.......... 150
5 — Le Chaos, rocher de Saint-Palais-sur-Mer .. 200
6 — Fin d'après-midi sur l'Océan.............. 150
7 — Matinée d'Octobre sur la Charente.......... 100

CAZAUBON (Pierre-Louis),

Né à Bordeaux — Peintre — Elève de l'Ecole des Beaux-Arts et de Louis CABIÉ.

40, Rue Pagès, BORDEAUX.

Huile :

1 —	Entrée des Docks à Bordeaux	**4000** fr.
2 —	Crépuscule sur la Garonne	**700**
3 —	Le Pont de Pierre	**350**
4 —	Port de Bordeaux	**500**
5 —	La Cale aux Pierres	**200**

Aquarelles, marines :

6 —	Vapeur sur la Garonne	**350**
7 —	Port de Bordeaux	**350**
8 —	Coteaux de Lormont	**200**
9 —	Morutiers au Clair de Lune	**150**
10 —	Morutiers au Soleil couchant	**250**
11 —	La Rade et les Morutiers à Bordeaux	**300**
12 —	Gabare au Soleil couchant	**80**

Paysages :

13 —	La Route et le Cumulus	**80**
14 —	Intérieur de Cuisine à Vic-Bigorre	**150**
15 —	Vieilles Maisons à Vic-Bigorre	**150**
16 —	Rue Artagnan, à Vic-Bigorre	**150**
17 —	Messe de Mariage (Eglise de Cauderaut)	**300**
18 —	Les Bords de l'Adour à Vic-Bigorre	**350**
19 —	Clocher de Artagnan	**150**
20 —	Le Soir	**80**

CHAUMONT (Emile),

Né à Périgueux — Peintre.

9, Rue Magendie, BORDEAUX.

1 — La Rue du Lys (Périgueux)............... **500 fr.**
2 — Dans la lande (gouache).................. **300**
3 — Coteaux fleuris (Corrèze)................ **750**
4 — Châtaigniers le matin..................... **750**
5 — La Moisson (Corrèze)..................... **750**
6 — Moulin abandonné (Les Eyzies, Dordogne). **500**
7 — Le Pas-de-Cère (Cantal).................. **500**
8 — Cerisier en fleurs (Les Eyzies)........... **500**
9 — Etude....................................... **250**
10 — L'Ormeau................................... **500**
11 — Sous-bois l'hiver.......................... **1200**
12 — Les Peupliers (Dordogne)................. **500**
13 — Etude...................................... **250**
14 — Ferme en Corrèze......................... **500**
15 — Matinée à Rions........................... **500**
16 — Noyers le matin (Corrèze)................ **500**
17 — Châtaigniers en fleurs.................... **500**
18 — Pont sur la Beune (Les Eyzies)........... **500**

DELPECH (Hermann),

Né à Bordeaux — Peintre.

95, Avenue Jeanne-d'Arc, BORDEAUX.

1 — Femme couchée........................... **2000 fr.**
2 — Eté.. **1500**
3 — Automne.................................. **1500**
4 — Marine..................................... **600**
5 — Marine..................................... **600**
6 — Marine..................................... **600**

Gustave DURAND,

Né à Porchères (Gironde). — Peintre. — Elève de A. de la Gandara.

5, Quai Bourgogne, BORDEAUX.

1 — Femme reposant. ....

FONTAN (Edmond),

Né à Bordeaux — Peintre.

21, Rue d'Arcachon, BORDEAUX.

1 —	Le Matin, environ de Bordeaux.......... ..	300 fr.
2 —	Trouléguy (Basses-Pyrénées)	250
3 —	Petite Maison Basque	300
4 —	Rochers mousseux	350
5 —	Rochers rouges	150
6 —	Maison noble (Basses-Pyrénées)	200
7 —	Environs d'Itxassou (Basses-Pyrénées)	400
8 —	Village de Lespars (Basses-Pyrénées)......	400
9 —	Ruisseau sous bois	350
10 —	Gorges de l'Aude	1000
11 —	La Vallée du Célé	1200
12 —	Bois en Automne	1200
13 —	Bois près Bordeaux	1200

FOREL (Eugène),

Né à Talence (Gironde) — Peintre — Elève de l'Ecole des Beaux-Arts.

155, Rue de l'Eglise-Saint-Seurin, BORDEAUX.

1 — Pont de Bordeaux........................ 300 fr.
2 — Quai de la Douane 300
3 — Saint - Seurin............................. 300
4 — L'Isle-d'Espagnac 200
5 — Etang de Lacanau........................ 50
6 — Au Claouey. 50
7 — Pont de Bordeaux (ovale) 80
8 — En Rade (ovale) 80
9 — La Douane (médaillon) 50
10 — Au Jardin-Public (médaillon).............. 50
11 — Au Thil (aquarelle)....................... 200

FURT (Léonce),

Né à Bordeaux — Peintre — Elève d'Albert Maignan et Cormon.

71, Rue Fondaudège, BORDEAUX.

1 — Lacanau-Océan 1200
2 — L'Heure du Bain 200
3 — Les Nuages. 200
4 — Crépuscule (marée basse).................. 200
5 — Matinée de Juillet......................... 200
6 — Les Roches (Normandie).................. 500
7 — Auvillar-Port, La Pluie..................... 400
8 — Crépuscule sur la Vallée de la Garonne à Auvillar. ....
Appartient à M. X...
9 — L'Escalier de la Plage (croquis-pastel)...... 150
10 — Vue sur la Rade.......................... 250
11 — Dessins, croquis, étude. ....

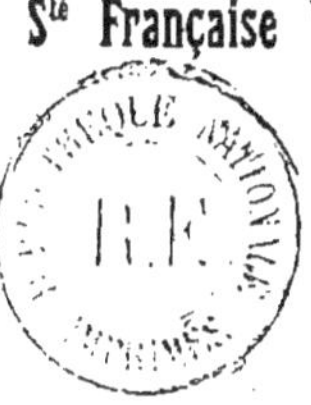

GARROS (Louis),

Né à Bordeaux — Architecte.

14 bis, Rue Lecocq, BORDEAUX.

1 —	Sous-bois (aquarelle)	**250** fr.
2 —	Carcassonne, porte (aquarelle)	**100**
3 —	Bagatelle (aquarelle)	**150**
4 —	Versailles (aquarelle)	**150**
5 —	Port de Meyrau à marée basse (aquarelle)	**300**
6 —	Pont Marie (aquarelle)	**250**
7 —	Fort à Saint-Malo (aquarelle)	**150**
8 —	Cabane à La Hume (aquarelle)	**150**

GEORGES (Jean),

Né à Anvers — Peintre.

40, Rue Dauzats, BORDEAUX.

1 —	Forêt dans la Charente	**550** fr.
2 —	Forêt dans la Charente	**550**
3 —	Paysage à Eysines	**550**
4 —	Source à Meilhan	**550**
5 —	Vieille maison à Bergerac	**550**
6 —	Vieille maison à Bergerac	**550**
7 —	Vieille maison à Bergerac	**550**
8 —	Maison à Saint-Macaire	**550**
9 —	Rue à Saint-Macaire	**550**
10 —	Rue à Saint-Macaire	**550**
11 —	Vieux Chêne (forêt Charente)	**600**
12 —	Rue à Saint-Macaire	**550**
13 —	Paysage, étude	**1500**
14 —	Dessin mine de plomb	

GOMEZ-GIMENO (Ricardo),

Né à Bordeaux — Peintre — Elève de son père et de Paul Antin.

12, Cours de Verdun, BORDEAUX.

1 — Neige, Allée de Boutaut.................. 400
2 — Neige, Allée de Boutaut.................. 400
3 — Coin de Banlieue, Allée de Boutaut........ 500
4 — Intérieur de Campagne (Gironde).......... 250
5 — Intérieur de Campagne (Dordogne)........ 250
6 — Coin de Ferme (Gironde)................ 200
7 — La Maison aux Pigeonniers (dessin)........ 40
8 — La Sauve (Cloître) (dessin)............... 40

HILDEBRAND (Hermann-Berthold),

Né à Strasbourg — Peintre.

41, Rue Ducau, BORDEAUX.

1 — Cours du Maréchal-Foch (aquarelle)........ 600
2 — Petit Mousse sous un Cyprès chauve (aquar.). 350
3 — Le Matin, Jardin-Public (aquarelle)........ 600
4 — Effet d'Automne, Jardin-Public.............. 350
5 — En Eté, Jardin-Public (aquarelle).......... 200
6 — La Branche tombante, Jardin-Public (aquar.). 300
7 — Les Balisiers, Jardin-Public (aquarelle)..... 250
8 — Paysage au Jardin-Public (aquarelle)....... 200
9 — Effet d'Automne à Saint-Médard-en-Jalles.. 200
10 — Effet de Midi à Couhins (aquarelle)........ 300

HILDEBRAND (Georges),

Né à Bordeaux — Peintre — Elève de H.-B. Hildebrand et H. Delpech.

52, Rue Ducau, BORDEAUX.

1 — Nature morte (peinture).................. **700 fr.**
2 — Lacanau - Océan (peinture)............... **500**
3 — Dunes de Lacanau (peinture).............. **400**
4 — Dunes de Lacanau (peinture).............. **400**
5 — Dunes de Lacanau (peinture).............. **400**
6 — Quais de Bordeaux (peinture)............. **600**
7 — Lacanau (peinture) **300**
8 — Quais de Bordeaux (peinture)............. **500**

HUBERT-GAUTIER (Jean),

Né à Nomdieu (Lot-et-Garonne) — Peintre — Elève de Zo, Quinsac, Maignan.

194, Rue Turenne, BORDEAUX.

1 — Le Lutrin................................ **8000 fr.**
2 — L'Eglise de la Cité à Carcassonne.......... **1500**
3 — Saint-Michel-des-Lions à Limoges.......... **1500**
4 — L'Autel doré à Collioures................. **1500**
5 — L'Escalier rose à Collioures.............. **1100**
6 — Rochers de Collioures.................... **1000**
7 — Sortie de Barques à Collioures............ **1000**
8 — Collioures. **1000**
9 — Fin de Jour à Collioures.................. **350**
10 — Un coin de l'Eglise St-Pierre à Limoges.... **350**
11 — Le Vitrail de Pénicaud à St-Pierre de Limoges **350**
12 — Petit Jour à Saint-Pierre de Limoges....... **350**
13 — Cathédrale de Lectoure................... **350**
14 — Les Remparts de Lectoure................. **350**
15 — Bords de la Vienne...................... **150**
16 — Lever de Lune à Sarlat................... **150**
17 — Plage de Canet par temps gris............ **200**
18 — Porche de Lormont...................... **200**
19 — Escalier rose à Collioures............... **200**
20 — Intérieur d'Eglise à Lectoure............. **400**

LACOSTE (Jean-Edward),

Né à Lavardac (Lot-et-Garonne) — Peintre — Elève de Bouguereau et Robert Fleury.

15, Rue Peyronnet, BORDEAUX.

1 — Arlequinade. .... **1500 fr.**
2 — Pont d'Enkaralbou. **500**
3 — Plage à Taussat. **150**
4 — Sous les Sapins. **150**
5 — Vallée du Lutour. **150**
6 — Dans les Pins. **150**
7 — Moulin de Néris. **150**
8 — Les Agudes. **150**
9 — Cascade de Lutour **150**
10 — Temps gris. **150**
11 — Le Cabaliros **150**

LÉPINE (Joseph),

Peintre.

5, Rue Terre-Nègre, BORDEAUX.

1 — Femme se chaussant.................. *(pas à vendre)*
2 — Bords du Lot (à Cahors).................. **750 fr.**
3 — Tête de Femme.................. *(pas à vendre)*
4 — Maison à Verdelais **750**
5 — Femme assise .... *(pas à vendre)*
6 — Vu par la Fenêtre (paysage).............. **750**
7 — A Bernille (Gironde), temps gris..... *(pas à vendre)*
8 — A Bernille (Gironde), soleil........... *(pas à vendre)*
9 — La Dordogne à Argentat (Corrèze)... *(pas à vendre)*

LONG (Philippe),

Né à Bordeaux — Peintre.

65, Rue Wustenberg, BORDEAUX.

1 — Porte de Mechouar (Maroc)............... **500 fr.**
2 — Bords de l'Oued (Maroc) (aquarelle)...... **400**
3 — Fruits............................... **450**
4 — Le vieux Porche........................ **400**
5 — Trois-Mâts et Gabares.................. **400**
6 — Bateaux camouflés...................... **1500**
7 — Bassin d'Arcachon — Soir............... **1800**
8 — Bassin d'Arcachon — Matin.............. **2000**
9 — Bergèr d'Arcachon (aquarelle) **1500**
10 — Pinasses d'Arcachon....................
11 — Garde-Feu d'Arcachon...................
12 — Cap Canaille (Méditerranée) ....
13 — Environs de Marseille ....
14 — Bords du Ciron (Gironde)................
15 — Mon Jardin.............................
16 — Morutier en Rivière....................
17 — Gaston, Grand-Maître des Cérémonies........

MANCIET (Charles),

Né à Montpaon (Aveyron) — Graveur.

Musée de Peinture, BORDEAUX.

1 — Tête de Chien.......................... **100 fr.**
2 — Tête de Chien.......................... **100**
3 — Le Port de Bordeaux.................... **120**
4 — Les Gorges d'El Kantara................ **150**
5 — Village arabe **150**
6 — Rue de la Kasba, à Alger................ **150**

MOTHE (Émile),

Né à Bordeaux. — Architecte.

73, Rue Wustenberg, BORDEAUX.

1	— L'Allée d'Arbres.	150 fr.
2	— Beffroi de la Halle à Brantôme	200
3	— Eglise d'Ascou (Ariège)	300
4	— Maison Renaissance à Saint-Macaire	200
5	— Vue sur le Parc, Château de Birambits (Bègles)	150
6	— Les Bords de la Nive à St-Jean-Pied-de-Port.	200
7	— Vieux Manoir Périgourdin	200
8	— Maison du XVIe siècle à Brantôme	200
9	— Le Cargo « Seine » aux Docks	150
10	— Une Route au Castelet (Ariège)	200
11	— Le Calvaire d'Arveyres.	150
12	— Le « Roussillon » au Bassin de Radoub — Docks — Bordeaux	150
13	— Arbre aux Pins-Francs.	150
14	— Coin de Jardin — Automne	200
15	— Pavillon Renaissance à Brantôme	200
16	— Embarcadère sur la Dronne.	200
17	— Château de Birambits (Bègles)	200
18	— Contre - Jour (Bègles)	200

ROGANEAU (François-Maurice),

Né à Bordeaux — Peintre — Elève de Gérome et Ferrier.

19, Rue Tiffonet, BORDEAUX.

1 —	Eglise d'Arbonne, pays basque	500 fr.
2 —	Rue à Fontarrabie	500
3 —	Auberge à Saint-Pé	500
4 —	Quai à Saint-Jean-de-Luz	500
5 —	La Croix blanche, à Ciboure	500
6 —	Le Jeu de Paume de Ciboure	500
7 —	La Maison du Sénéchal (St-Jean-de-Luz)	500
8 —	Vue de Béziers	500
9 —	La Rhune par vent du sud	1500
10 —	Becerrada à Cestona	1200
11 —	Becerrada à Hernani	1200
12 —	Rue Pocalette, Ciboure	800
13 —	Rue Agorette, Ciboure	800
14 —	Nu	2500
15 —	Nu	1000
16 —	Dessin	200
17 —	Dessin	200

De SONNEVILLE (Georges),

Né à Nouméa (Nouvelle-Calédonie). — Peintre. — Elève de Paul Antin.

23, Rue du Couvent, BORDEAUX.

1 —	Haute Ecole	400 fr.
2 —	Printemps à Floirac	400
3 —	Chalutier en Rade (Juin)	500
4 —	Gabares et Morutiers (Octobre)	500
5 —	Bal du 14 Juillet	1000

TARDIEU (Dan),

Né à Talence (Gironde) — Peintre — Elève de J. Lewis Brown et Princeteau.

11, Rue du Commandant-Arnould, BORDEAUX.

1 — En Chasse. .... 1500 fr.
2 — Steeple. 800
3 — Femme et Lévrier.......... 350
4 — Etude de Cheval ....
5 — Chasse. 450
6 — Paysage de la Leyre.......... 250
7 — Chevaux de Course (étude).:.......... 600
8 — Amazone 700

VETTINER (Jean-Baptiste),

Né à Bordeaux — Graveur — Elève de J.-Ch. Bonnet et Rubé.

82, Rue de Vincennes, BORDEAUX.

1 — Léda (bois original).......... 100 fr.
2 — Sérénité (bois original).......... 100
3 — L'Abreuvoir (bois original).......... 100
4 — Petits Nus (bois original).......... 40
5 — Petits Nus (bois original).......... 40

VIDAL (André),

Né à Nîmes — Peintre — Elève de Cormon.

51, Rue Dubourdieu, BORDEAUX.

1 — Le Chantier (panneau destiné à la salle du Conseil municipal de la commune de Seignosse (Landes) ....
2 — Portrait (huile) ....
3 — Portrait (crayon) ....
4 — Portrait (crayon) ....
5 — Carrières aux environs de Nîmes..........
6 — Le Berger (Macédoine).......... 500 fr.
7 — Etude de Mules (crayon rehaussé).......... 100
8 — Etude de Mules.......... 100

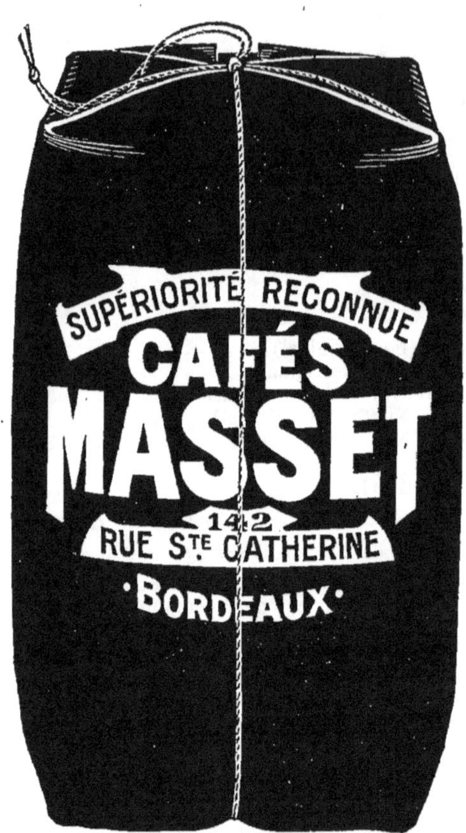
SUPÉRIORITÉ RECONNUE
CAFÉS
MASSET
142
RUE Ste CATHERINE
·BORDEAUX·

PHOTOGRAPHIE D'ART

BAYLE (Henri),

Né à Bordeaux — Photographe.

16, rue Mandron, BORDEAUX.

1 — Rues du vieux Bordeaux..................

BERGEY (Charles),

Né à Bordeaux. — Photographe. — Elève du Photo-Club, Bordeaux.

6, Rue de la Jalle, BORDEAUX.

1 — La Petite France (Strasbourg)............
2 — Pont-Neuf (Paris). ....
3 — Pont Alexandre-III (Paris)................
4 — Portique de la Collégiale, Saint-Emilion.....
5 — Morutiers (Rade de Bordeaux)...........
6 — Procédé bromoïl. ....

BOITEAU (Joseph),

Né à Bordeaux. — Photographe. — Elève du Photo-Club, Bordeaux.

56, Rue Malbec, BORDEAUX.

1 — Etude de Tête (huile)................... **40 fr.**
2 — Ferme en Périgord (huile)................ **50**
3 — Paysage (Report). **50**
4 — Le Château de Beyssac, Dordogne (Report), **30**
5 — Groupe de Paysages (huile)............... **30**
6 — Porte à Rocamadour (Report) **40**
7 — Les Ruines Caillac (Report)............... **40**

DUTREIL (Pierre),

Né à Bordeaux. — Photographe. — Elève du Photo-Club, Bordeaux.

89, Passage Wustemberg, BORDEAUX.

1 — A la sortie du Village.................... 50 fr.
2 — Paysage 30
3 — Paysage 50
4 — Saint - Front 50
5 — Remparts (Cité de Carcassonne)............ 50

GOMEZ GIMENO (Alfred),

Né à Saragosse — Photographe.

7, Rue Lafaurie-de-Monbadon, BORDEAUX.

1 — Enfant ....
2 — Brouillard. ....
3 — Brouillard en Rade......................
4 — En Gascogne ....
5 — Lecture. ....
6 — L'Enfant aux Colimaçons..................
7 — Le Monstre ....

GOUSSEAU (Abel),

22, Rue du Mirail, BORDEAUX.

1 — Les Bouleaux (oléobromie) 150
2 — Brouillard intense (oléobromie) 150
3 — L'Automne au Jardin-Public (oléobromie)... 150
4 — Coucher de Soleil A Andernos (oléobromie). 150
5 — Vieille Rue à Oloron (charbon velours Artigue) ....

HAMMES (Johan-Adolf),

Né à Bordeaux. — Photographe.

14, Quai de la Monnaie, BORDEAUX.

1 — Etude Tête fusain-gélatino-bromure......... 150 fr.
2 — Sous-Bois, agrandissement encre grasse.... 75
3 — Sous-Bois, Hiver en Gironde, agrandissement encre grasse 100
4. — Paysage 100

MARSADIE (Charles),

Né à Mérignac (Gironde) — Photographe.

115, Chemin Dupuch, BORDEAUX.

1 Fleurs des Champs ....
2 — La Maison-Carrée (Mérignac).............
3 — Laitière Paloise ....
4 — Pau. Le Château.......................
5 — Pau. Vieille Maison....................
6 — Pau. Vieux Puits......................
7 — Monsieur le Curé Intime.................
8 — Pauvreté ....
9 — Matinée de Brouillard sur la Garonne......
10 — En Régate ....
11 — Portrait. ....
12 — Portrait. ....

QUENNOY (Louis-Etienne-Joseph),

Né à Lille (Nord). — Photographe. — 1er prix des Beaux-Arts de Lille. — Médaille d'Argent, Bordeaux 1924. — Médaille d'Argent, Paris 1924.

10, rue Sicard, 10, BORDEAUX.

1 — Portrait de Mme J.		
2 — Portrait d'enfant		
3 — Portrait de Mlle M.		
4 — Ecce Homo, mi corps		50 fr.
5 — Ecce Homo, tête		40
6 — Tête de Chien (crayon)		50
7 — Portrait de M. G.		
8 — Coucher de Soleil en mer		75
9 — Marine.		30
10 — Arcachon (les Abatilles)		35
11 — La Seugne à Pons		25
12 — Bordeaux (la Garonne)		25
13 — Baigneuse		50
14, 15 — Portraits d'enfants miniatures		
16 — Portrait d'enfant		
17 — Le Ciseleur		
18 — Les Chiens (contre-jour)		45

TEISSEIRE (Louis),

Né à Gradignan. — Photographe.

30, Rue Notre-Dame, BORDEAUX.

1 — Albâtre à Castelnau (Report)
2 — Stalle à Vertheuil (Report)
3 — Le Labour (encres grasses)
4 — Paysage
5 — Etude (Tête)
6 — Fantaisies.

BUGNICOURT (F.-H. Max),

Né à Bordeaux. — Peintre. — Sociétaire à la Société Nationale des Beaux-Arts de Paris.

20, chemin du Chalet, chez M. Ed. Caris, BORDEAUX-St-AUGUSTIN.

1 —	Peinture (solitude) .... Appartenant à M. E. C.	
2 —	Gave pyrénéen .... Appartenant à M. E. C.	
3 —	Gravure en couleurs 3 planches (Orage sur la Côte d'Argent)	**120 fr.**
4 —	Gravures en noir (Picardie)	**35**
5 —	» (ferme landaise)	**35**
6 —	Dessin en couleurs (Bacchanale)	**300**
7 —	Dessin en couleurs (danse antique)	**300**
	Cinq gravures sur bois :	
8 —	L'abreuvoir	**50**
9 —	Musique et parfums	**50**
10 —	Le batelier	**50**
11 —	La joie de vivre	**50**
12 —	Les gerbes	**50**

Bordeaux. — Imp. SAMIE Fils Frères, 8, rue de Cursol.

SAMIE FILS FRÈRES
: : : Imprimeurs : · .
8, Rue de Cursol
BORDEAUX

www.ingramcontent.com/pod-product-compliance
Lightning Source LLC
LaVergne TN
LVHW020303230826
846091LV00006B/2503

* 9 7 8 2 3 2 9 1 7 9 1 3 1 *